反间谍法

学习宣传本

2023年修订

中国法制出版社
CHINA LEGAL PUBLISHING HOUSE

图书在版编目（CIP）数据

反间谍法学习宣传本／中国法制出版社编．—北京：中国法制出版社，2023.5

ISBN 978-7-5216-3471-6

Ⅰ.①反… Ⅱ.①中… Ⅲ.国家安全法-基本知识-中国 Ⅳ.①D922.14

中国国家版本馆CIP数据核字（2023）第067213号

责任编辑：胡艺　　　　　　　　　　封面设计：杨泽江

反间谍法学习宣传本
FANJIANDIEFA XUEXI XUANCHUANBEN

编者／中国法制出版社
经销／新华书店
印刷／三河市国英印务有限公司
开本／850毫米×1168毫米　32开　　　印张／1.5　字数／25千
版次／2023年5月第1版　　　　　　　　2023年5月第1次印刷

中国法制出版社出版
书号 ISBN 978-7-5216-3471-6　　　　　　　　　定价：15.00元

北京市西城区西便门西里甲16号西便门办公区
邮政编码：100053　　　　　　　　　　传真：010-63141600
网址：http://www.zgfzs.com　　　　　编辑部电话：010-63141817
市场营销部电话：010-63141612　　　　印务部电话：010-63141606

（如有印装质量问题，请与本社印务部联系。）

反间谍法

学习宣传本

2023年修订

中国法制出版社
CHINA LEGAL PUBLISHING HOUSE

出版说明

2014年制定的《中华人民共和国反间谍法》(以下简称《反间谍法》)是新中国第一部规范和保障反间谍斗争的专门法律,为维护国家安全发挥了重要作用。

当前反间谍斗争形势较为严峻,传统安全威胁与非传统安全威胁相互交织,各类间谍情报活动的主体更加复杂、领域更加广泛、目标更加多元、手法更加隐蔽。现行《反间谍法》亟需修改完善。在习近平法治思想和总体国家安全观的指导下修订《反间谍法》,是新形势下落实总体国家安全观和加强反间谍斗争的需要,是推动反渗透、反颠覆、反窃密斗争,确保国家安全的有力法治保障。新修订的《反间谍法》于2023年4月26日正式通过。[①]

本书具有如下特点:

一是,配有知识点和案例,梳理延伸知识,便于

[①] 根据中华人民共和国主席令第四号,《中华人民共和国反间谍法》由中华人民共和国第十四届全国人民代表大会常务委员会第二次会议于2023年4月26日修订通过,自2023年7月1日起施行。

更好地普及法律。

二是,采用大字版式,从而更加方便读者学习使用。

三是,条文编写了条旨,便于读者更好地理解法条主旨。

四是,采用双色印制,区分不同板块,提供更好的阅读体验。

希望本书能够发挥作用,为大众学习、了解《反间谍法》及相关延伸知识提供一定便利和帮助。同时,也希望本书能为新时代维护国家安全和持续开展法治宣传教育工作起到一定助推作用。

目　录

中华人民共和国反间谍法

第一章　总　则 / 1

第一条　【立法宗旨】/ 1
　　　　知识点：反间谍斗争维护国家安全和社会政治稳定 / 1

第二条　【工作原则】/ 2
　　　　知识点：反间谍工作坚持总体国家安全观 / 2

第三条　【工作方针】/ 3

第四条　【间谍行为】/ 3

第五条　【反间谍工作协调机制】/ 4

第六条　【主管机关和有关部门的职责】/ 4

第七条　【反间谍义务】/ 4

第八条　【保密义务】/ 4

第 九 条 【保护和表彰、奖励】/ 5
　　　　　知识点：反间谍工作作出"重大贡献"的情形 / 5
第 十 条 【危害国家安全间谍行为的法律责任】/ 6
第十一条 【国家安全机关及其工作人员责任】/ 7

第二章　安全防范 / 7

第十二条 【安全防范工作主体责任】/ 7
　　　　　知识点：履职尽责，开展好反间谍安全防范工作 / 8
第十三条 【安全防范宣传教育】/ 9
第十四条 【禁止非法获取、持有国家秘密】/ 9
　　　　　知识点："非法获取、持有属于国家秘密"的相关物品 / 9
第十五条 【禁止非法生产、销售、持有、使用专业间谍器材】/ 10
　　　　　知识点：《反间谍法》所指"专用间谍器材" / 10
第十六条 【对间谍行为的举报】/ 11
　　　　　知识点：举报间谍等危害国家安全行为的方式 / 12

第 十 七 条　【反间谍安全防范重点单位管理制度】／13

第 十 八 条　【重点单位加强教育管理】／13

第 十 九 条　【重点单位加强对涉密事项、场所、载体等的日常安全防范管理】／14

第 二 十 条　【重点单位加强对要害部门部位、网络设施、信息系统的反间谍技术防范】／14

第二十一条　【涉及国家安全事项的建设项目实行许可制度】／14

第二十二条　【国家安全机关制定反间谍技术防范标准与防范检查、检测】／15

第三章　调查处置／15

第二十三条　【国家安全机关的反间谍工作职权】／15

第二十四条　【查验身份与问询情况】／15
知识点：依法查验身份证明和调取资料／16

第二十五条　【经批准查验有关电子设备、设施及有关程序、工具与责令整改】／16

第二十六条 【经批准查阅、调取有关文件、数据、资料、物品】/ 17

第二十七条 【传唤与询问】/ 17

第二十八条 【经批准对人身、物品、场所进行检查】/ 18

第二十九条 【经批准查询相关财产信息】/ 18

第 三 十 条 【经批准查封、扣押、冻结】/ 18

第三十一条 【取证工作流程】/ 19

第三十二条 【提供证据的义务】/ 19

第三十三条 【不准出境】/ 19

第三十四条 【不准入境】/ 20

第三十五条 【不准出境、入境的人员管理】/ 20

第三十六条 【电信主管部门和网信部门协助工作】/ 20

知识点：完善了关于网络间谍的规定 / 21

第三十七条 【技术侦查和身份保护】/ 21

第三十八条 【对危害后果的鉴定和评估】/ 21

第三十九条 【立案侦查】/ 21

知识点：间谍罪与为境外窃取、刺探、收买、非法提供国家秘密、情报罪 / 22

第四章　保障与监督 / 22

第 四 十 条　【依法履行职责受法律保护】/ 22
第四十一条　【相关单位、人群依法协助反间谍工作】/ 22
　　　　　　知识点：在国家安全机关调查间谍行为时如实提供证据的义务 / 23
第四十二条　【执行紧急任务的通行便利】/ 23
第四十三条　【依法进入有关地区、场所、单位】/ 23
第四十四条　【优先使用、依法征用交通工具、通信工具、场地和建筑物等与事后归还、恢复或补偿】/ 24
第四十五条　【通关、免检等便利】/ 24
第四十六条　【人身安全保护、营救及财物补偿】/ 24
第四十七条　【妥善安置】/ 25
第四十八条　【抚恤优待】/ 25
第四十九条　【反间谍领域科技创新】/ 25
第 五 十 条　【提升反间谍工作能力】/ 25
第五十一条　【内部监督和安全审查制度】/ 26
第五十二条　【检举、控告】/ 26

第五章　法律责任 / 26

第五十三条　【刑事责任】/ 26
第五十四条　【行政处罚】/ 28
第五十五条　【从轻、减轻、免除处罚】/ 30
第五十六条　【未履行反间谍安全防范义务的责任】/ 30
第五十七条　【对违法新建、改建、扩建建设项目的处罚】/ 30
第五十八条　【对物流运营、电信、互联网相关人员未尽职责的处罚】/ 31
第五十九条　【对拒不配合数据调取的处罚】/ 31
第 六 十 条　【依法追究刑事责任，警告、行政拘留或罚款】/ 31
第六十一条　【对非法获取、持有属于国家秘密的文件等，非法生产、销售、持有、使用专用间谍器材等尚不构成犯罪的处罚】/ 32
第六十二条　【对查封、扣押、冻结财物的妥善保管】/ 32

第六十三条 【涉案财物的追缴、没收、消除隐患】/ 33

第六十四条 【所获利益的追缴、没收】/ 33

第六十五条 【上缴国库】/ 33

第六十六条 【违法境外人员的限期出境或驱逐出境】/ 33

第六十七条 【当事人依法享有陈述、申辩、要求听证等权利】/ 34

第六十八条 【行政复议、行政诉讼】/ 34

第六十九条 【国家安全机关工作人员滥用职权、玩忽职守等的法律责任】/ 34

第六章 附 则 / 35

第 七 十 条 【防范、制止和惩治其他危害国家行为适用本法】/ 35
　　　　　　知识点：间谍行为以外的其他危害国家安全行为 / 35

第七十一条 【施行日期】/ 36

中华人民共和国反间谍法

（2014年11月1日第十二届全国人民代表大会常务委员会第十一次会议通过 2023年4月26日第十四届全国人民代表大会常务委员会第二次会议修订 2023年4月26日中华人民共和国主席令第四号公布 自2023年7月1日起施行）

第一章 总 则

第一条 【立法宗旨】①为了加强反间谍工作，防范、制止和惩治间谍行为，维护国家安全，保护人民利益，根据宪法，制定本法。

> **知识点** 反间谍斗争维护国家安全和社会政治稳定

2015年7月1日，第十二届全国人大常委会第十五次会议通过的《中华人民共和国国家安全法》（以下简称《国家安全法》）第十一条规定，中华人民共和国公民、一切国家机关和武装力量、各政党和各人民团体、企业事业组织和其他社会组织，都有维护国家安全的责任

---

① 条文主旨为编者所加，下同，仅供参考。

和义务。

反间谍斗争是维护国家安全利益、维护社会政治稳定的重要工作。大量事实表明，随着我国综合国力的增强和国际战略局势的深刻变化，境外间谍情报机关加大了对我国间谍活动的力度。如运用人力和技术的各种方法手段，策反发展人员，刺探、窃取、收买国家秘密，开展各种渗透、破坏活动，对我国的国家安全利益造成了严重危害。因此，切实加强反间谍斗争十分必要。

第二条 【工作原则】反间谍工作坚持党中央集中统一领导，坚持总体国家安全观，坚持公开工作与秘密工作相结合、专门工作与群众路线相结合，坚持积极防御、依法惩治、标本兼治，筑牢国家安全人民防线。

知识点 反间谍工作坚持总体国家安全观

新的历史条件下，我国面临的反间谍斗争形势严峻，传统安全威胁与非传统安全威胁相互交织，各类间谍情报活动的主体更加复杂、领域更加广泛、目标更加多元、手法更加隐蔽。在总体国家安全观的指导下修订《反间谍法》，是新形势下落实总体国家安全观和加强反间谍斗争的需要，是推动反渗透、反颠覆、反窃密斗争，确保国家安全的有力法治保障。

第三条 【工作方针】反间谍工作应当依法进行，尊重和保障人权，保障个人和组织的合法权益。

第四条 【间谍行为】本法所称间谍行为，是指下列行为：

（一）间谍组织及其代理人实施或者指使、资助他人实施，或者境内外机构、组织、个人与其相勾结实施的危害中华人民共和国国家安全的活动；

（二）参加间谍组织或者接受间谍组织及其代理人的任务，或者投靠间谍组织及其代理人；

（三）间谍组织及其代理人以外的其他境外机构、组织、个人实施或者指使、资助他人实施，或者境内机构、组织、个人与其相勾结实施的窃取、刺探、收买、非法提供国家秘密、情报以及其他关系国家安全和利益的文件、数据、资料、物品，或者策动、引诱、胁迫、收买国家工作人员叛变的活动；

（四）间谍组织及其代理人实施或者指使、资助他人实施，或者境内外机构、组织、个人与其相勾结实施针对国家机关、涉密单位或者关键信息基础设施等的网络攻击、侵入、干扰、控制、破坏等活动；

（五）为敌人指示攻击目标；

（六）进行其他间谍活动。

间谍组织及其代理人在中华人民共和国领域内，或者利用中华人民共和国的公民、组织或者其他条件，从事针对第三国的间谍活动，危害中华人民共和国国家安全的，适用本法。

第五条 【反间谍工作协调机制】国家建立反间谍工作协调机制，统筹协调反间谍工作中的重大事项，研究、解决反间谍工作中的重大问题。

第六条 【主管机关和有关部门的职责】国家安全机关是反间谍工作的主管机关。

公安、保密等有关部门和军队有关部门按照职责分工，密切配合，加强协调，依法做好有关工作。

第七条 【反间谍义务】中华人民共和国公民有维护国家的安全、荣誉和利益的义务，不得有危害国家的安全、荣誉和利益的行为。

一切国家机关和武装力量、各政党和各人民团体、企业事业组织和其他社会组织，都有防范、制止间谍行为，维护国家安全的义务。

国家安全机关在反间谍工作中必须依靠人民的支持，动员、组织人民防范、制止间谍行为。

第八条 【保密义务】任何公民和组织都应当依

法支持、协助反间谍工作，保守所知悉的国家秘密和反间谍工作秘密。

第九条 【保护和表彰、奖励】国家对支持、协助反间谍工作的个人和组织给予保护。

对举报间谍行为或者在反间谍工作中做出重大贡献的个人和组织，按照国家有关规定给予表彰和奖励。

知识点 反间谍工作作出"重大贡献"的情形

根据《反间谍法实施细则》第十六条的规定，下列情形属于作出"重大贡献"：

（一）为国家安全机关提供重要线索，发现、破获严重危害国家安全的犯罪案件的；

（二）为国家安全机关提供重要情况，防范、制止严重危害国家安全的行为发生的；

（三）密切配合国家安全机关执行国家安全工作任务，表现突出的；

（四）为维护国家安全，与危害国家安全的犯罪分子进行斗争，表现突出的；

（五）在教育、动员、组织本单位的人员防范、制止危害国家安全行为的工作中，成绩显著的。

第十条　【危害国家安全间谍行为的法律责任】 境外机构、组织、个人实施或者指使、资助他人实施的，或者境内机构、组织、个人与境外机构、组织、个人相勾结实施的危害中华人民共和国国家安全的间谍行为，都必须受到法律追究。

案例

郑某和王某是一家境外所谓"移民服务公司"的境内"骨干成员"。该"公司"以"正常渠道移民"为幌子，在我国境内招揽客户，号称仅需 10 万元"办证费"即可办理移民手续。该团伙通过办理旅游签证等方式，将"客户"运作出国。等到"客户"顺利抵达国外后，该团伙才暴露出真实嘴脸。他们通过威逼利诱等方式，要求"客户"伪造包括户口本、拘传证、强制堕胎证明在内的各类"证件文书"，要求其宣称自己"在国内遭受迫害"，以"无中生有"的所谓"罪证"造谣抹黑我国国家形象。随后，该团伙还会以"政治避难代办费"等各种名义向"客户"不断索要费用。"客户"当中的许多人最终因交不起费用，被该团伙抛弃，在家人的接济下艰难返回国内。2021 年 10 月，国家安全机关依法对郑某、王某采取强制措施。2022 年 5 月，人民法院分别判处郑某、王某有期徒刑 3 年 9 个月、3 年 6 个月。

评析

一些境外组织机构诱骗我国公民至国外，逼迫其从事污蔑抹黑我国国家形象的活动，严重危害了我国国家安全和公民人身安全。这些为个人私利损害国家利益、危害国家安全的行为，最终都会付出惨痛代价。无论身处何处，维护国家安全都是每一个中国公民应尽的责任和义务。

第十一条 【国家安全机关及其工作人员责任】 国家安全机关及其工作人员在工作中，应当严格依法办事，不得超越职权、滥用职权，不得侵犯个人和组织的合法权益。

国家安全机关及其工作人员依法履行反间谍工作职责获取的个人和组织的信息，只能用于反间谍工作。对属于国家秘密、工作秘密、商业秘密和个人隐私、个人信息的，应当保密。

第二章 安全防范

第十二条 【安全防范工作主体责任】 国家机关、人民团体、企业事业组织和其他社会组织承担本单位反间谍安全防范工作的主体责任，落实反间谍安全防范措施，对本单位的人员进行维护国家安全的教育，动员、组织本单位的人员防范、制止间谍行为。

地方各级人民政府、相关行业主管部门按照职责分工，管理本行政区域、本行业有关反间谍安全防范工作。

国家安全机关依法协调指导、监督检查反间谍安全防范工作。

知识点 履职尽责，开展好反间谍安全防范工作

国家防范、制止和依法惩治任何叛国、分裂国家、煽动叛乱、颠覆或者煽动颠覆人民民主专政政权的行为；防范、制止和依法惩治窃取、泄露国家秘密等危害国家安全的行为；防范、制止和依法惩治境外势力的渗透、破坏、颠覆、分裂活动（《国家安全法》第十五条第二款）。国家机关、人民团体、企业事业单位和其他社会组织，地方各级人民政府、相关行业主管部门，国家安全机关承担各自职责范围内的反间谍安全防范工作。开展反间谍安全防范工作，应当坚持中央统一领导，坚持总体国家安全观，坚持专门工作与群众路线相结合，坚持人防物防技防相结合，严格遵守法定权限和程序，尊重和保障人权，保护公民、组织的合法权益（《反间谍安全防范工作规定》第三条）。

第十三条 【安全防范宣传教育】各级人民政府和有关部门应当组织开展反间谍安全防范宣传教育，将反间谍安全防范知识纳入教育、培训、普法宣传内容，增强全民反间谍安全防范意识和国家安全素养。

新闻、广播、电视、文化、互联网信息服务等单位，应当面向社会有针对性地开展反间谍宣传教育。

国家安全机关应当根据反间谍安全防范形势，指导有关单位开展反间谍宣传教育活动，提高防范意识和能力。

第十四条 【禁止非法获取、持有国家秘密】任何个人和组织都不得非法获取、持有属于国家秘密的文件、数据、资料、物品。

知识点 "非法获取、持有属于国家秘密"的相关物品

根据《反间谍法实施细则》第十七条的规定，以下情况属于"非法获取、持有属于国家秘密的文件、数据、资料、物品"：

（一）不应知悉某项国家秘密的人员携带、存放属于该项国家秘密的文件、资料和其他物品的；

（二）可以知悉某项国家秘密的人员，未经办理手续，私自携带、留存属于该项国家秘密的文件、资料和其他物品的。

第十五条 【禁止非法生产、销售、持有、使用专业间谍器材】任何个人和组织都不得非法生产、销售、持有、使用间谍活动特殊需要的专用间谍器材。专用间谍器材由国务院国家安全主管部门依照国家有关规定确认。

知识点 《反间谍法》所指"专用间谍器材"

根据《反间谍法实施细则》第十八条的规定,"专用间谍器材",是指进行间谍活动特殊需要的下列器材:

(一)暗藏式窃听、窃照器材;

(二)突发式收发报机、一次性密码本、密写工具;

(三)用于获取情报的电子监听、截收器材;

(四)其他专用间谍器材。

案例

2019年8月,辽宁大连的海参养殖户张先生向国家安全机关举报称,两个月前,他的养殖场迎来了几名"不速之客"。黄某带领数名外籍人员,以"免费安装海水质量监测设备"为名,在张先生的海参养殖场安装了海洋水文监测设备和海空监控摄录设备。此后,张先生逐渐发现,水文监测设备的数据被源源不断地传输至境外,且很多数据与海参养殖并无关系,那些海空监控摄录设备对海参养殖更是毫无意义。张先生感觉情况可疑,便拨打12339向国家安全机关举报。

经鉴定，这些外籍人员在我国海域非法安装的监测设备，观测范围涉及我国空中军事行动区域，可以对我国非开放海域潮汐、海流等重要敏感数据进行实时监测，对我国海洋权益及军事安全构成严重威胁。根据举报信息，辽宁省国家安全机关对黄某及数名外籍人员依法采取强制措施，并收缴了监测设备。黄某等人如实交代了非法窃取我国海洋水文数据和海空军事影像的违法犯罪事实。

评析

在政治、经济、科技、军工、军事等领域的重要人员的活动场所，以及军事禁区、部队驻地、党政机关、重要科研院所、港口、码头等重点场所，间谍会通过安装窃听器、针孔摄像头进行窃密，还会使用声、光、电、磁等各种技术手段记录和搜集信息，对目标对象来往邮件进行拦截、透视、拆封、查看或者对其互联网邮箱植入病毒或实施攻击，以此来窃取重要信息与机密文件，相关人员一定要提高警惕意识，加强防范。

第十六条 【对间谍行为的举报】任何公民和组织发现间谍行为，应当及时向国家安全机关举报；向公安机关等其他国家机关、组织举报的，相关国家机关、组织应当立即移送国家安全机关处理。

国家安全机关应当将受理举报的电话、信箱、网络平台等向社会公开，依法及时处理举报信息，并为举报人保密。

知识点 举报间谍等危害国家安全行为的方式

根据《公民举报危害国家安全行为奖励办法》第四条的规定，公民发现危害国家安全行为时，可以通过下列方式向国家安全机关举报：

（一）拨打国家安全机关12339举报受理电话；

（二）登录国家安全机关互联网举报受理平台网站www.12339.gov.cn；

（三）向国家安全机关投递信函；

（四）到国家安全机关当面举报；

（五）通过其他国家机关或者举报人所在单位向国家安全机关报告；

（六）其他举报方式。

案例

某组织打着环保的旗号，以研究海岸垃圾为由，通过微信公众号等渠道公开招募志愿者，从事危害我国国家安全的秘密行动。

该组织在我国设立了专门的海洋监测点，以此来搜集我国的海洋监测数据，还偷偷摸摸地把监测点引到我国海上军事目标上去，数量高达 22 个。该组织除了搜集海洋数据之外，还想方设法地抹黑我国的海洋形象。某境外研究机构还依据这一组织的研究数据污蔑我国，称中国的海岸线垃圾已经远超他国十倍之多。

该组织的行为被群众及时发现并在第一时间向国家安全局举报。该组织也被国家安全局一网打尽。

评析

近些年，一些在隐蔽战线上的斗争越来越频繁，新的间谍手法层出不穷，危害国家安全的行为和事件时有发生。对于危害国家安全的间谍行为等，任何公民和组织一旦发现，应及时举报，从而有效维护我国国家安全。

第十七条 【反间谍安全防范重点单位管理制度】国家建立反间谍安全防范重点单位管理制度。

反间谍安全防范重点单位应当建立反间谍安全防范工作制度，履行反间谍安全防范工作要求，明确内设职能部门和人员承担反间谍安全防范职责。

第十八条 【重点单位加强教育管理】反间谍安全防范重点单位应当加强对工作人员反间谍安全防范的教育和管理，对离岗离职人员脱密期内履行反间谍安全防范义务的情况进行监督检查。

第十九条 【重点单位加强对涉密事项、场所、载体等的日常安全防范管理】反间谍安全防范重点单位应当加强对涉密事项、场所、载体等的日常安全防范管理，采取隔离加固、封闭管理、设置警戒等反间谍物理防范措施。

第二十条 【重点单位加强对要害部门部位、网络设施、信息系统的反间谍技术防范】反间谍安全防范重点单位应当按照反间谍技术防范的要求和标准，采取相应的技术措施和其他必要措施，加强对要害部门部位、网络设施、信息系统的反间谍技术防范。

第二十一条 【涉及国家安全事项的建设项目实行许可制度】在重要国家机关、国防军工单位和其他重要涉密单位以及重要军事设施的周边安全控制区域内新建、改建、扩建建设项目的，由国家安全机关实施涉及国家安全事项的建设项目许可。

县级以上地方各级人民政府编制国民经济和社会发展规划、国土空间规划等有关规划，应当充分考虑国家安全因素和划定的安全控制区域，征求国家安全机关的意见。

安全控制区域的划定应当统筹发展和安全，坚持科学合理、确有必要的原则,由国家安全机关会同发展改革、自然资源、住房城乡建设、保密、国防科技工业等部门以及军队有关部门共同划定,报省、自治区、直辖市人民政府批准并动态调整。

涉及国家安全事项的建设项目许可的具体实施办法,由国务院国家安全主管部门会同有关部门制定。

第二十二条 【国家安全机关制定反间谍技术防范标准与防范检查、检测】国家安全机关根据反间谍工作需要,可以会同有关部门制定反间谍技术防范标准,指导有关单位落实反间谍技术防范措施,对存在隐患的单位,经过严格的批准手续,可以进行反间谍技术防范检查和检测。

第三章 调查处置

第二十三条 【国家安全机关的反间谍工作职权】国家安全机关在反间谍工作中依法行使本法和有关法律规定的职权。

第二十四条 【查验身份与问询情况】国家安全机关工作人员依法执行反间谍工作任务时,依照规定出示工作证件,可以查验中国公民或者境外人员的身份证明，向有关个人和组织问询有关情况，对身份不明、有间谍行为嫌疑的人员，可以查看其随带物品。

知识点 依法查验身份证明和调取资料

在反间谍工作的实践中，查验身份证明是国家安全机关做好反间谍工作的实际需要，因此，本条规定国家安全机关工作人员，有权查验中国公民或者境外人员的身份证明，从而在法律上对国家安全机关的这项职权予以确认。应当注意的是，本条规定的是国家安全机关的工作人员有权"查验"身份证明，而不是扣留身份证明。身份证明包括居民身份证、军官证、士官证、士兵证、护照、有效签证、港澳居民往来内地通行证等可以证明身份的证件。

国家安全机关在依法执行任务时，对有关的档案、资料、物品，不仅可以查阅，还可以根据反间谍工作需要调取，以便对有关的档案、资料、物品进一步分析，收集线索，固定证据。

第二十五条 【经批准查验有关电子设备、设施及有关程序、工具与责令整改】国家安全机关工作人员依法执行反间谍工作任务时，经设区的市级以上国家安全机关负责人批准，出示工作证件，可以查验有关个人和组织的电子设备、设施及有关程序、工具。

查验中发现存在危害国家安全情形的，国家安全机关应当责令其采取措施立即整改。拒绝整改或者整改后仍存在危害国家安全隐患的，可以予以查封、扣押。

对依照前款规定查封、扣押的电子设备、设施及有关程序、工具，在危害国家安全的情形消除后，国家安全机关应当及时解除查封、扣押。

第二十六条 【经批准查阅、调取有关文件、数据、资料、物品】国家安全机关工作人员依法执行反间谍工作任务时，根据国家有关规定，经设区的市级以上国家安全机关负责人批准，可以查阅、调取有关的文件、数据、资料、物品，有关个人和组织应当予以配合。查阅、调取不得超出执行反间谍工作任务所需的范围和限度。

第二十七条 【传唤与询问】需要传唤违反本法的人员接受调查的，经国家安全机关办案部门负责人批准，使用传唤证传唤。对现场发现的违反本法的人员，国家安全机关工作人员依照规定出示工作证件，可以口头传唤，但应当在询问笔录中注明。传唤的原因和依据应当告知被传唤人。对无正当理由拒不接受传唤或者逃避传唤的人，可以强制传唤。

国家安全机关应当在被传唤人所在市、县内的指定地点或者其住所进行询问。

国家安全机关对被传唤人应当及时询问查证。询问查证的时间不得超过八小时；情况复杂，可能适用行政拘留或者涉嫌犯罪的，询问查证的时间不得超过二十四小时。国家安全机关应当为被传唤人提供必要的饮食和休息时间。严禁连续传唤。

除无法通知或者可能妨碍调查的情形以外，国家安全机关应当及时将传唤的原因通知被传唤人家属。在上述情形消失后，应当立即通知被传唤人家属。

第二十八条 【经批准对人身、物品、场所进行检查】国家安全机关调查间谍行为，经设区的市级以上国家安全机关负责人批准，可以依法对涉嫌间谍行为的人身、物品、场所进行检查。

检查女性身体的，应当由女性工作人员进行。

第二十九条 【经批准查询相关财产信息】国家安全机关调查间谍行为，经设区的市级以上国家安全机关负责人批准，可以查询涉嫌间谍行为人员的相关财产信息。

第三十条 【经批准查封、扣押、冻结】国家安全机关调查间谍行为，经设区的市级以上国家安全机关负责人批准，可以对涉嫌用于间谍行为的场所、设施或者财物依法查封、扣押、冻结；不得查封、扣押、冻结与被调查的间谍行为无关的场所、设施或者财物。

第三十一条 【取证工作流程】国家安全机关工作人员在反间谍工作中采取查阅、调取、传唤、检查、查询、查封、扣押、冻结等措施，应当由二人以上进行，依照有关规定出示工作证件及相关法律文书，并由相关人员在有关笔录等书面材料上签名、盖章。

国家安全机关工作人员进行检查、查封、扣押等重要取证工作，应当对全过程进行录音录像，留存备查。

第三十二条 【提供证据的义务】在国家安全机关调查了解有关间谍行为的情况、收集有关证据时，有关个人和组织应当如实提供，不得拒绝。

第三十三条 【不准出境】对出境后可能对国家安全造成危害，或者对国家利益造成重大损失的中国公民，国务院国家安全主管部门可以决定其在一定期限内不准出境，并通知移民管理机构。

对涉嫌间谍行为人员，省级以上国家安全机关可以通知移民管理机构不准其出境。

第三十四条 【不准入境】对入境后可能进行危害中华人民共和国国家安全活动的境外人员，国务院国家安全主管部门可以通知移民管理机构不准其入境。

第三十五条 【不准出境、入境的人员管理】对国家安全机关通知不准出境或者不准入境的人员，移民管理机构应当按照国家有关规定执行；不准出境、入境情形消失的，国家安全机关应当及时撤销不准出境、入境决定，并通知移民管理机构。

第三十六条 【电信主管部门和网信部门协助工作】国家安全机关发现涉及间谍行为的网络信息内容或者网络攻击等风险，应当依照《中华人民共和国网络安全法》规定的职责分工，及时通报有关部门，由其依法处置或者责令电信业务经营者、互联网服务提供者及时采取修复漏洞、加固网络防护、停止传输、消除程序和内容、暂停相关服务、下架相关应用、关闭相关网站等措施，保存相关记录。情况紧急，不立即采取措施将对国家安全造成严重危害的，由国家安全机关责令有关单位修复漏洞、停止相关传输、暂停相关服务，并通报有关部门。

经采取相关措施，上述信息内容或者风险已经消除的，国家安全机关和有关部门应当及时作出恢复相关传输和服务的决定。

> **知识点** 完善了关于网络间谍的规定
>
> 修订后的《反间谍法》进一步明确了网络间谍的行为方式，即间谍组织及其代理人实施或者指使、资助他人实施，或者境内外机构、组织、个人与其相勾结实施针对国家机关、涉密单位或者关键信息基础设施等的网络攻击、侵入、干扰、控制、破坏等活动。

第三十七条 【技术侦查和身份保护】国家安全机关因反间谍工作需要，根据国家有关规定，经过严格的批准手续，可以采取技术侦察措施和身份保护措施。

第三十八条 【对危害后果的鉴定和评估】对违反本法规定，涉嫌犯罪，需要对有关事项是否属于国家秘密或者情报进行鉴定以及需要对危害后果进行评估的，由国家保密部门或者省、自治区、直辖市保密部门按照程序在一定期限内进行鉴定和组织评估。

第三十九条 【立案侦查】国家安全机关经调查，发现间谍行为涉嫌犯罪的，应当依照《中华人民共和国刑事诉讼法》的规定立案侦查。

> **知识点** 间谍罪与为境外窃取、刺探、收买、非法提供国家秘密、情报罪

根据我国《刑法》第一百一十条，有下列间谍行为之一，危害国家安全的，处十年以上有期徒刑或者无期徒刑；情节较轻的，处三年以上十年以下有期徒刑：

（一）参加间谍组织或者接受间谍组织及其代理人的任务的；

（二）为敌人指示轰击目标的。

根据我国《刑法》第一百一十一条，为境外的机构、组织、人员窃取、刺探、收买、非法提供国家秘密或者情报的，处五年以上十年以下有期徒刑；情节特别严重的，处十年以上有期徒刑或者无期徒刑；情节较轻的，处五年以下有期徒刑、拘役、管制或者剥夺政治权利。

第四章 保障与监督

第四十条 【依法履行职责受法律保护】 国家安全机关工作人员依法履行职责，受法律保护。

第四十一条 【相关单位、人群依法协助反间谍工作】 国家安全机关依法调查间谍行为，邮政、快递等物流运营单位和电信业务经营者、互联网服务提供者应当提供必要的支持和协助。

知识点 在国家安全机关调查间谍行为时如实提供证据的义务

间谍行为严重危害国家安全和人民利益,为了维护国家的安全和利益,本条规定,在国家安全机关调查了解有关间谍行为的情况、收集有关证据时,有关个人和组织应当如实提供,不得拒绝。该规定符合我国《刑事诉讼法》第六十二条第一款关于"凡是知道案件情况的人,都有作证的义务"的规定,也是对《刑事诉讼法》的重申和具体化。这样的规定有助于提高每个人的法律意识,增强与间谍行为作斗争的责任感,保证国家安全机关的反间谍工作顺利进行。

第四十二条 【执行紧急任务的通行便利】国家安全机关工作人员因执行紧急任务需要,经出示工作证件,享有优先乘坐公共交通工具、优先通行等通行便利。

第四十三条 【依法进入有关地区、场所、单位】国家安全机关工作人员依法执行任务时,依照规定出示工作证件,可以进入有关场所、单位;根据国家有关规定,经过批准,出示工作证件,可以进入限制进入的有关地区、场所、单位。

第四十四条 【优先使用、依法征用交通工具、通信工具、场地和建筑物等与事后归还、恢复或补偿】国家安全机关因反间谍工作需要，根据国家有关规定，可以优先使用或者依法征用国家机关、人民团体、企业事业组织和其他社会组织以及个人的交通工具、通信工具、场地和建筑物等，必要时可以设置相关工作场所和设施设备，任务完成后应当及时归还或者恢复原状，并依照规定支付相应费用；造成损失的，应当给予补偿。

第四十五条 【通关、免检等便利】国家安全机关因反间谍工作需要，根据国家有关规定，可以提请海关、移民管理等检查机关对有关人员提供通关便利，对有关资料、器材等予以免检。有关检查机关应当依法予以协助。

第四十六条 【人身安全保护、营救及财物补偿】国家安全机关工作人员因执行任务，或者个人因协助执行反间谍工作任务，本人或者其近亲属的人身安全受到威胁时，国家安全机关应当会同有关部门依法采取必要措施，予以保护、营救。

个人因支持、协助反间谍工作，本人或者其近亲属的人身安全面临危险的，可以向国家安全机关请求予以保护。国家安全机关应当会同有关部门依法采取保护措施。

个人和组织因支持、协助反间谍工作导致财产损失的,根据国家有关规定给予补偿。

第四十七条 【妥善安置】对为反间谍工作做出贡献并需要安置的人员,国家给予妥善安置。

公安、民政、财政、卫生健康、教育、人力资源和社会保障、退役军人事务、医疗保障、移民管理等有关部门以及国有企业事业单位应当协助国家安全机关做好安置工作。

第四十八条 【抚恤优待】对因开展反间谍工作或者支持、协助反间谍工作导致伤残或者牺牲、死亡的人员,根据国家有关规定给予相应的抚恤优待。

第四十九条 【反间谍领域科技创新】国家鼓励反间谍领域科技创新,发挥科技在反间谍工作中的作用。

第五十条 【提升反间谍工作能力】国家安全机关应当加强反间谍专业力量人才队伍建设和专业训练,提升反间谍工作能力。

对国家安全机关工作人员应当有计划地进行政

治、理论和业务培训。培训应当坚持理论联系实际、按需施教、讲求实效，提高专业能力。

第五十一条 【内部监督和安全审查制度】国家安全机关应当严格执行内部监督和安全审查制度，对其工作人员遵守法律和纪律等情况进行监督，并依法采取必要措施，定期或者不定期进行安全审查。

第五十二条 【检举、控告】任何个人和组织对国家安全机关及其工作人员超越职权、滥用职权和其他违法行为，都有权向上级国家安全机关或者监察机关、人民检察院等有关部门检举、控告。受理检举、控告的国家安全机关或者监察机关、人民检察院等有关部门应当及时查清事实，依法处理，并将处理结果及时告知检举人、控告人。

对支持、协助国家安全机关工作或者依法检举、控告的个人和组织，任何个人和组织不得压制和打击报复。

第五章 法律责任

第五十三条 【刑事责任】实施间谍行为，构成犯罪的，依法追究刑事责任。

案例

赵某是一名航天领域的科研人员，在赴国外大学做访问学者期间，被境外间谍情报机关人员一步步拉拢策反，出卖科研进展情况，严重危害我国国家安全。

起初，对方只是约他吃饭出游、赠送礼物；随着双方关系拉近，对方不时向他询问一些敏感问题，并支付不菲的咨询费用。赵某临近回国前，对方向赵某亮明了间谍情报机关人员身份，将他策反。随后，该国间谍情报机关为赵某配备了专用U盘等工具，用于下达任务指令和回传情报信息。赵某访学结束回国后，在国内多地继续与该国间谍情报机关人员见面，通过当面交谈及专用网站传递等方式向对方提供了大量涉密资料，并以现金形式收受间谍经费。不久后，赵某的间谍行为引起了国家安全机关注意。2019年6月，国家安全机关依法对赵某采取强制措施。2022年8月，人民法院以间谍罪判处赵某有期徒刑7年，剥夺政治权利3年，并处没收个人财产人民币20万元。

评析

上述案例中，赵某是因其科研专家的特殊身份被境外间谍情报机关重点关注，进而拉拢策反。除此之外，针对我国其他重要领域的相关人员，间谍们也会采用各种手段进行引诱、拉拢。相关人员应当切实提高警惕，维护好国家安全利益。

第五十四条 【行政处罚】个人实施间谍行为,尚不构成犯罪的,由国家安全机关予以警告或者处十五日以下行政拘留,单处或者并处五万元以下罚款,违法所得在五万元以上的,单处或者并处违法所得一倍以上五倍以下罚款,并可以由有关部门依法予以处分。

明知他人实施间谍行为,为其提供信息、资金、物资、劳务、技术、场所等支持、协助,或者窝藏、包庇,尚不构成犯罪的,依照前款的规定处罚。

单位有前两款行为的,由国家安全机关予以警告,单处或者并处五十万元以下罚款,违法所得在五十万元以上的,单处或者并处违法所得一倍以上五倍以下罚款,并对直接负责的主管人员和其他直接责任人员,依照第一款的规定处罚。

国家安全机关根据相关单位、人员违法情节和后果,可以建议有关主管部门依法责令停止从事相关业务、提供相关服务或者责令停产停业、吊销有关证照、撤销登记。有关主管部门应当将作出行政处理的情况及时反馈国家安全机关。

案例

2020年7月,被告人吴某某通过自己及姐姐、哥哥等人的某鱼账号在"某鱼"软件承接跑腿业务,某间谍组织代理人"鱼总"通过"某鱼"软件的自动回复号码搜索添加了被告人吴某某的微信。后吴某某在金钱诱惑下被"鱼总"发展,"鱼总"要求吴某某提供政府机关重要人员到某机场的行程信息,被告人吴某某利用自己在该机场运行管理部担任运行指挥员的便利,多次刺探、截获政府机关重要人员的行程信息,并通过境外聊天软件发送给"鱼总",共收取"鱼总"提供的间谍经费人民币2.6万余元。经鉴定,被告人吴某某为间谍组织代理人"鱼总"提供的信息涉1项机密级军事秘密,2项秘密级军事秘密。最终,吴某某因犯间谍罪被判处有期徒刑13年,剥夺政治权利4年。

评析

我国《刑法》第一百一十条规定:"有下列间谍行为之一,危害国家安全的,处十年以上有期徒刑或者无期徒刑;情节较轻的,处三年以上十年以下有期徒刑:(一)参加间谍组织或者接受间谍组织及其代理人的任务的;(二)为敌人指示轰击目标的。"本案中,吴某某接受了间谍组织的任务,提供的信息涉1项机密级军事秘密,2项秘密级军事秘密。因而,吴某某最终被判处间谍罪。

第五十五条 【从轻、减轻、免除处罚】实施间谍行为，有自首或者立功表现的，可以从轻、减轻或者免除处罚；有重大立功表现的，给予奖励。

在境外受胁迫或者受诱骗参加间谍组织、敌对组织，从事危害中华人民共和国国家安全的活动，及时向中华人民共和国驻外机构如实说明情况，或者入境后直接或者通过所在单位及时向国家安全机关如实说明情况，并有悔改表现的，可以不予追究。

第五十六条 【未履行反间谍安全防范义务的责任】国家机关、人民团体、企业事业组织和其他社会组织未按照本法规定履行反间谍安全防范义务的，国家安全机关可以责令改正；未按照要求改正的，国家安全机关可以约谈相关负责人，必要时可以将约谈情况通报该单位上级主管部门；产生危害后果或者不良影响的，国家安全机关可以予以警告、通报批评；情节严重的，对负有责任的领导人员和直接责任人员，由有关部门依法予以处分。

第五十七条 【对违法新建、改建、扩建建设项目的处罚】违反本法第二十一条规定新建、改建、扩建建设项目的，由国家安全机关责令改正，予以警告；拒不改正或者情节严重的，责令停止建设或者使用、暂扣或者吊销许可证件,或者建议有关主管部门依法予以处理。

第五十八条 【对物流运营、电信、互联网相关人员未尽职责的处罚】违反本法第四十一条规定的,由国家安全机关责令改正,予以警告或者通报批评;拒不改正或者情节严重的,由有关主管部门依照相关法律法规予以处罚。

第五十九条 【对拒不配合数据调取的处罚】违反本法规定,拒不配合数据调取的,由国家安全机关依照《中华人民共和国数据安全法》的有关规定予以处罚。

第六十条 【依法追究刑事责任,警告、行政拘留或罚款】违反本法规定,有下列行为之一,构成犯罪的,依法追究刑事责任;尚不构成犯罪的,由国家安全机关予以警告或者处十日以下行政拘留,可以并处三万元以下罚款:

(一)泄露有关反间谍工作的国家秘密;

(二)明知他人有间谍犯罪行为,在国家安全机关向其调查有关情况、收集有关证据时,拒绝提供;

(三)故意阻碍国家安全机关依法执行任务;

(四)隐藏、转移、变卖、损毁国家安全机关依法查封、扣押、冻结的财物；

（五）明知是间谍行为的涉案财物而窝藏、转移、收购、代为销售或者以其他方法掩饰、隐瞒；

（六）对依法支持、协助国家安全机关工作的个人和组织进行打击报复。

第六十一条 【对非法获取、持有属于国家秘密的文件等，非法生产、销售、持有、使用专用间谍器材等尚不构成犯罪的处罚】非法获取、持有属于国家秘密的文件、数据、资料、物品，以及非法生产、销售、持有、使用专用间谍器材，尚不构成犯罪的，由国家安全机关予以警告或者处十日以下行政拘留。

第六十二条 【对查封、扣押、冻结财物的妥善保管】国家安全机关对依照本法查封、扣押、冻结的财物，应当妥善保管，并按照下列情形分别处理：

（一）涉嫌犯罪的，依照《中华人民共和国刑事诉讼法》等有关法律的规定处理；

（二）尚不构成犯罪，有违法事实的，对依法应当没收的予以没收，依法应当销毁的予以销毁；

（三）没有违法事实的，或者与案件无关的，应当解除查封、扣押、冻结，并及时返还相关财物；造成损失的，应当依法予以赔偿。

第六十三条 【涉案财物的追缴、没收、消除隐患】涉案财物符合下列情形之一的，应当依法予以追缴、没收，或者采取措施消除隐患：

（一）违法所得的财物及其孳息、收益，供实施间谍行为所用的本人财物；

（二）非法获取、持有的属于国家秘密的文件、数据、资料、物品；

（三）非法生产、销售、持有、使用的专用间谍器材。

第六十四条 【所获利益的追缴、没收】行为人及其近亲属或者其他相关人员，因行为人实施间谍行为从间谍组织及其代理人获取的所有利益，由国家安全机关依法采取追缴、没收等措施。

第六十五条 【上缴国库】国家安全机关依法收缴的罚款以及没收的财物，一律上缴国库。

第六十六条 【违法境外人员的限期出境或驱逐出境】境外人员违反本法的，国务院国家安全主管部门可以决定限期出境，并决定其不准入境的期限。未在规定期限内离境的，可以遣送出境。

对违反本法的境外人员，国务院国家安全主管部门决定驱逐出境的，自被驱逐出境之日起十年内不准入境，国务院国家安全主管部门的处罚决定为最终决定。

第六十七条　【当事人依法享有陈述、申辩、要求听证等权利】 国家安全机关作出行政处罚决定之前，应当告知当事人拟作出的行政处罚内容及事实、理由、依据，以及当事人依法享有的陈述、申辩、要求听证等权利，并依照《中华人民共和国行政处罚法》的有关规定实施。

第六十八条　【行政复议、行政诉讼】 当事人对行政处罚决定、行政强制措施决定、行政许可决定不服的，可以自收到决定书之日起六十日内，依法申请复议；对复议决定不服的，可以自收到复议决定书之日起十五日内，依法向人民法院提起诉讼。

第六十九条　【国家安全机关工作人员滥用职权、玩忽职守等的法律责任】 国家安全机关工作人员滥用职权、玩忽职守、徇私舞弊，或者有非法拘禁、刑讯逼供、暴力取证、违反规定泄露国家秘密、工作秘密、商业秘密和个人隐私、个人信息等行为，依法予以处分，构成犯罪的，依法追究刑事责任。

第六章 附 则

第七十条 【防范、制止和惩治其他危害国家行为适用本法】国家安全机关依照法律、行政法规和国家有关规定，履行防范、制止和惩治间谍行为以外的危害国家安全行为的职责，适用本法的有关规定。

公安机关在依法履行职责过程中发现、惩治危害国家安全的行为，适用本法的有关规定。

> **知识点** 间谍行为以外的其他危害国家安全行为

根据《反间谍法实施细则》第八条的规定，下列行为属于"间谍行为以外的其他危害国家安全行为"：

（一）组织、策划、实施分裂国家、破坏国家统一，颠覆国家政权、推翻社会主义制度的；

（二）组织、策划、实施危害国家安全的恐怖活动的；

（三）捏造、歪曲事实，发表、散布危害国家安全的文字或者信息，或者制作、传播、出版危害国家安全的音像制品或者其他出版物的；

（四）利用设立社会团体或者企业事业组织，进行危害国家安全活动的；

（五）利用宗教进行危害国家安全活动的；

（六）组织、利用邪教进行危害国家安全活动的；

（七）制造民族纠纷，煽动民族分裂，危害国家安全的；

（八）境外个人违反有关规定，不听劝阻，擅自会见境内有危害国家安全行为或者有危害国家安全行为重大嫌疑的人员的。

第七十一条 【施行日期】本法自 2023 年 7 月 1 日起施行。

大字醒目·双色标注
案例指引·知识点拨

上架建议 反间谍法

ISBN 978-7-5216-3471-6

定价：15.00元

中国法制出版社
官方微信